자두의 과학일기

2017년 9월 25일 초판 1쇄 발행
2024년 7월 25일 초판 7쇄 발행

글 | 함윤미
그림 | 최호정

발행인 | 정동훈
편집인 | 여영아
편집 | 김지현, 김학림, 김상범, 변지현
디자인 | 김지수, 장현순
제작 | 김종훈
발행처 | ㈜학산문화사

등록 | 1995년 7월 1일 제3-632호
주소 | 서울 동작구 상도로 282 학산빌딩
전화 | 편집 문의 02-828-8873, 8823 영업 문의 02-828-8962
팩스 | 02-823-5109
홈페이지 | www.haksanpub.co.kr

ⓒ이빈, 함윤미, 최호정 2017
ISBN 979-11-256-9890-6 74440
　　　979-11-256-5033-1 (세트)

※KC마크는 이 제품이 공통안전기준에 적합하였음을 의미합니다.
※이 책은 저작권법에 따라 한국 내에서 보호받는 저작물이므로 무단 전재와 무단 복제를 금합니다.
　이 책의 전부 또는 일부를 이용하려면 반드시 저작권자와 출판사의 동의를 받아야 합니다.
※잘못된 책은 바꾸어 드립니다.

안녕 자두야 과학일기

자두가 가장 궁금해하는
곤충 상식 25가지

【 곤충 】

채우리

| 머리말 |

작지만 큰 곤충 세상으로 떠나요!

여러분이 알고 있는 곤충은 얼마나 되나요?

곤충은 전 세계적으로 100만 종이 넘게 있고,

우리나라에도 1만 2천여 종이나 살고 있어요.

작지만 어마어마하게 큰 세상이 바로 곤충 세상이지요.

몸집이 작아 눈에 띄지 않는다고, 생김새가 특이하다고

곤충을 함부로 해서는 안 돼요.

만약 이 세상에 곤충이 없으면 어떤 일이 벌어질까요?

산이나 들에 피는 꽃을 볼 수 없을 거예요.

먹을 수 있는 깨끗한 물도 사라지고요.

지구는 온갖 동물의 똥과 시체들로 넘쳐날지도 몰라요.

땅에는 영양분이 없어 식물이 죽어 갈 테고요.
곤충은 우리가 사는 자연을 깨끗하게 해 주고,
땅을 기름지게 하는 역할을 하고 있어요.
이처럼 곤충은 우리와 떼려야 뗄 수가 없어요.
아니, 오히려 우리는 곤충에게 고마워해야 해요.
미래에는 곤충들이 우리를 먹여 살리게 될 테니까요.
곤충이 어떻게 우리를 먹여 살리느냐고요?
궁금하면 지금 당장 책장을 넘겨 보세요.
놀랍고도 재미있는 곤충 세상에 푹 빠지게 될 거예요!

함윤미

| 차례 |

1장 곤충의 역사와 생김새

인간이냐 곤충이냐 그것이 문제로다! · 10
정말로 지구의 주인이 곤충일까?

못 말리는 자두랑 엄마랑 · 14
곤충이 3등신이라고?

엄마의 자격증을 위하여 · 18
곤충들은 더듬이로 무얼 하는 걸까?

먹는 얘기만 들리는 귀 · 22
귀가 배에 달린 곤충이 있다고?

물 위를 걷는 비밀 · 26
파리는 왜 그렇게 손을 싹싹 비는 걸까?

코를 찾아라! · 30
곤충은 어디로 숨을 쉴까?

거미의 곤충 탈퇴 · 34
거미가 곤충이 아니라고?

2장 곤충이 나고 자라는 과정

자두의 몰래 짝꿍 · 40
곤충들도 사랑을 고백한다고?

슈퍼맨인가 변태인가 · 44
곤충이 변태라고?

나비와 편식대장 은희 · 48
거북의 눈물을 먹고 사는 나비가 있다고?

곤충 장례식 · 52
곤충은 어떻게 죽음을 맞을까?

나도 기네스에 도전할 테야! · 56
50년을 넘게 사는 곤충이 있다고?

우리 아빠가 최고야! · 60
곤충들의 자식 사랑이 눈물겹다고?

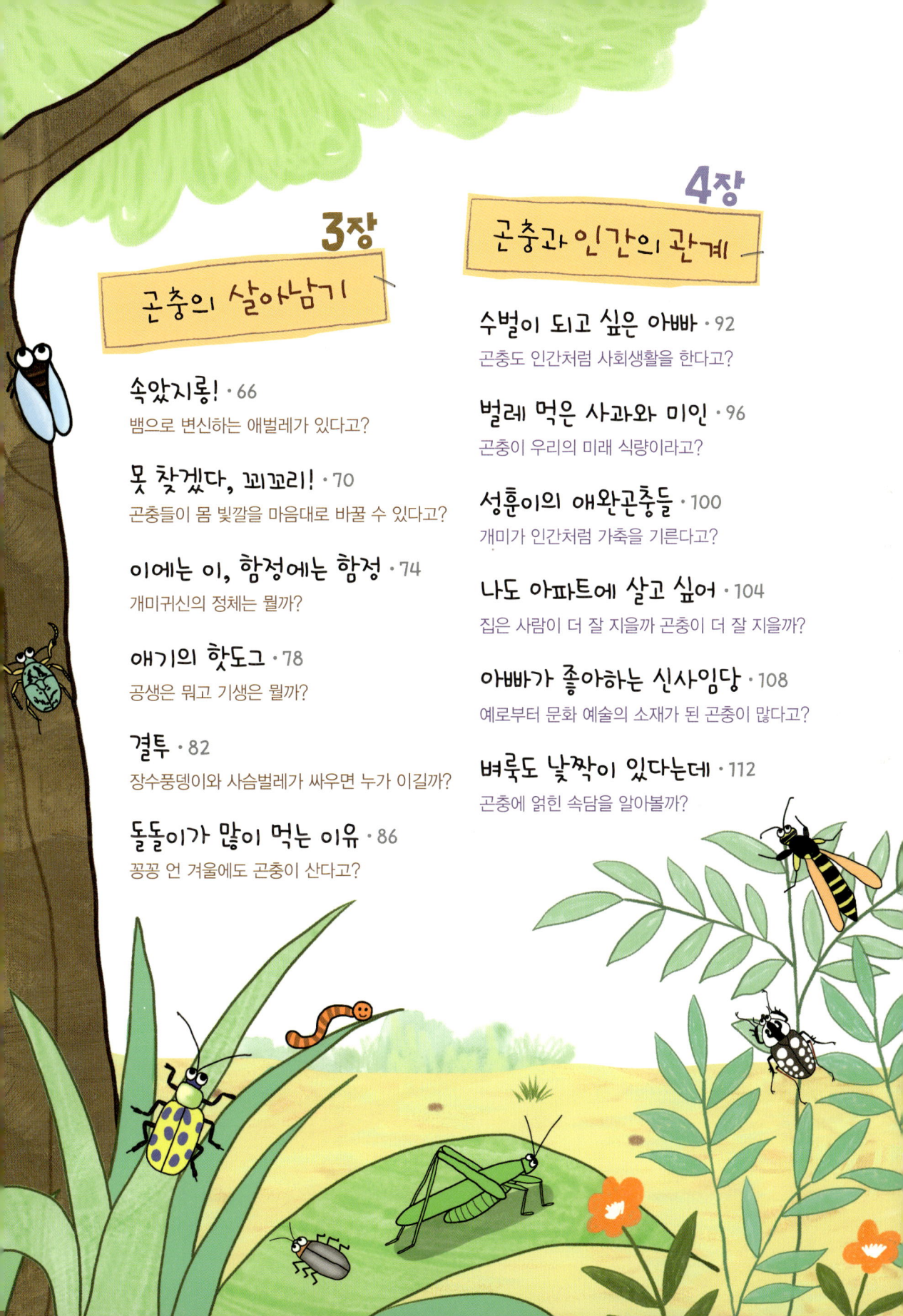

3장 곤충의 살아남기

속았지롱! · 66
뱀으로 변신하는 애벌레가 있다고?

못 찾겠다, 꾀꼬리! · 70
곤충들이 몸 빛깔을 마음대로 바꿀 수 있다고?

이에는 이, 함정에는 함정 · 74
개미귀신의 정체는 뭘까?

애기의 핫도그 · 78
공생은 뭐고 기생은 뭘까?

결투 · 82
장수풍뎅이와 사슴벌레가 싸우면 누가 이길까?

돌돌이가 많이 먹는 이유 · 86
꽁꽁 언 겨울에도 곤충이 산다고?

4장 곤충과 인간의 관계

수벌이 되고 싶은 아빠 · 92
곤충도 인간처럼 사회생활을 한다고?

벌레 먹은 사과와 미인 · 96
곤충이 우리의 미래 식량이라고?

성훈이의 애완곤충들 · 100
개미가 인간처럼 가축을 기른다고?

나도 아파트에 살고 싶어 · 104
집은 사람이 더 잘 지을까 곤충이 더 잘 지을까?

아빠가 좋아하는 신사임당 · 108
예로부터 문화 예술의 소재가 된 곤충이 많다고?

벼룩도 낯짝이 있다는데 · 112
곤충에 얽힌 속담을 알아볼까?

1장 곤충의 역사와 생김새

01 인간이냐 곤충이냐 그것이 문제로다!
정말로 지구의 주인이 곤충일까?

02 못 말리는 자두랑 엄마랑
곤충이 3등신이라고?

03 엄마의 자격증을 위하여
곤충들은 더듬이로 무얼 하는 걸까?

04 먹는 얘기만 들리는 귀
귀가 배에 달린 곤충이 있다고?

05 물 위를 걷는 비밀
파리는 왜 그렇게 손을 싹싹 비는 걸까?

06 코를 찾아라!
곤충은 어디로 숨을 쉴까?

07 거미의 곤충 탈퇴
거미가 곤충이 아니라고?

[곤충의 역사]

인간이냐 곤충이냐 그것이 문제로다!

| 3월 8일 수요일 | 날씨 해는 났지만 코끝이 시린 날 |

학교 가는 길에 은희와 돌돌이를 만났다. 어젯밤 꿈 이야기를 해 줬더니, 잘난 척 대장 은희가 곤충 편을 들었다. 지구의 주인이 곤충 맞다나? 돌돌이가 그건 말도 안 된다며 내 편을 들어 줬다. 2대 1이었지만 은희는 계속 우겼다. 그런데 아뿔싸! 선생님께 여쭤 봤더니 은희의 말이 맞단다. 그 쪼그만 곤충들이 어떻게 지구의 주인이 된 거지?

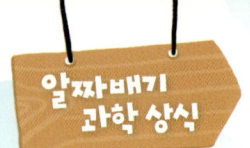
알짜배기 과학 상식

정말로 지구의 주인이 곤충일까?

지구에 사는 전체 동물계에서 약 5분의 3을 차지하는 게 곤충이란다. 지금까지 기록된 종류만 해도 100만 종에 이르지. 아직 기록되지 않은 종까지 합하면 약 300만 종이나 돼. 수로만 헤아린다면, 곤충이 지구의 주인이라고 할 수 있지.

> 분하다, 지구의 주인 자릴 놓치다니. 그렇다면 지구에 먼저 산 건 인간이겠죠?

> 아니. 곤충이 지구상에 처음 등장한 건 약 4억 1천만 년 전이야. 우리 인류는 약 300만 년 전에 등장했고.

> 에휴, 곤충한테 또 졌네요.

와~아 크다

날개 없는 곤충 무리가 나타난 건 고생대 실루리아기야. 그 뒤 진화를 거쳐 날개 달린 곤충이 나타나 오늘날에 이른 거야. 날개 달린 곤충은 고생대 석탄기에 등장해. 대표적인 게 거대잠자리야. 거대잠자리는 지구상에 살았던 곤충 중에서 가장 컸어. 날개를 편 길이가 약 75센티미터나 됐지.

석탄기부터 오늘날까지 멸종하지 않고 살아온 곤충도 있어. 바로 바퀴벌레야!

으악, 바퀴벌레는 왜 그렇게 생명이 끈질기대요?

작아서 눈에 잘 띄지 않으니까 오래 살아남을 수 있었을 거야. 그렇게 살아남은 곤충들이 오늘날 지구의 주인이라는 말까지 듣는 거고.

[곤충의 몸 구조]

못 말리는 자두랑 엄마랑

| 3월 8일 수요일 | 날씨 맑았다 흐렸다 변덕스런 날 |

은희가 자기는 개미허리라며 뻐겼다. 나도 지지 않고 8등신을 자랑했다. 옆에 있던 윤석이가 깔깔거리며 내 몸매는 곤충처럼 딱 3등신이라고 했다. 나도 모르게 주먹이 날아가 윤석이의 코피를 터뜨렸다. 윤석이는 공부도 하지 않고 보건실에 누워 있었고, 나는 한 달 간 화장실 청소를 맡았다. 괜히 윤석이 좋은 일만 시켰다. 그런데 곤충 몸이 정말로 3등신인가?

알짜배기 과학 상식

곤충이 3등신이라고?

곤충은 완벽한 3등신이야. 몸이 머리, 가슴, 배 세 마디로 나누어져 있거든. 머리에는 눈, 더듬이, 입 같은 감각 기관이 있지. 눈은 겹눈과 홑눈으로 나뉘어. 겹눈은 물체의 생김새와 색을 보고, 홑눈은 빛의 밝기를 알아채서 겹눈의 판단을 도와. 가슴에는 3쌍의 다리와 2쌍의 날개가 있고, 배에는 소화 기관과 생식 기관이 있어.

그리고 곤충은 피부가 곧 뼈야. 뼈가 살 속에 있는 게 아니라 몸의 바깥쪽을 덮고 있어서 '외골격'이라고 불러. 외골격은 필요에 따라 단단하기도 하고, 부드러운 모양이 되기도 하고, 날카로운 털이 되기도 해.

선생님, 개미가 정말 곤충 맞나요?

 어머머, 그렇게 완벽한 3등신한테 곤충이 맞냐니? 그 유명한 개미허리도 몰라?

 허리 얘긴 됐고요! 아무리 봐도 수상해서 그래요. 머리, 가슴, 배랑 다리가 6개인 건 확실한데, 날개가 없잖아요.

 일개미들은 날아다닐 일이 없어서 날개가 퇴화된 거야. 수개미들은 여왕개미랑 공중에서 짝짓기를 해야 할 시기가 오면 날개가 생겨난단다.

 없던 내 허리도 생겨났으면.

곤충은 가슴 부분에 앞날개와 뒷날개가 한 쌍씩 있어. 날개를 위아래로 파닥거리며 떠오르는 방법으로 날기 때문에 먼 거리를 날지는 못해. 하지만 필요에 따라 여러 기능과 모양을 하고 있어서 살아가는 데는 아무런 문제가 없단다.

[곤충의 더듬이]

엄마의 자격증을 위하여

3월 13일 월요일 | 날씨 미세먼지 때문에 콜록거린 날

엄마가 해 준 앞머리 때문에 꿀꿀한 기분으로 학교에 갔다. 그런데 반 아이들 앞머리가 나랑 똑같지 먼가! 더듬이 스타일이 유행이라더니, 엄마 말이 맞았다. 먹구름이던 기분이 햇빛 쨍쨍으로 바뀌었다. 그런데 받아쓰기가 문제였다. 짝꿍 것을 슬쩍 보려는 순간 선생님이 "최자두, 곤충도 아닌데 더듬이 뻗치면 못 써." 라고 하셨다. 곤충들은 더듬이로 커닝을 하나?

알짜배기 과학 상식

곤충들은 더듬이로 무얼 하는 걸까?

곤충의 머리에 나 있는 더듬이는 중요한 감각 기관이야. 외부의 여러 가지 자극을 알아차리고, 친구들과 서로 정보를 나눌 때도 더듬이를 이용한단다.

곤충들의 더듬이는 다같은 모양인가요?

아니. 하늘소처럼 긴 더듬이도 있고, 말벌처럼 짧은 더듬이도 있어. 풍뎅이는 부채 모양이고, 누에나방은 빗살 모양, 나비는 끝이 둥그런 타원형이야.

곤충들은 더듬이로 멋내고 뽐내고 그러나 보네요.

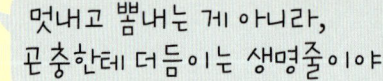
멋내고 뽐내는 게 아니라, 곤충한테 더듬이는 생명줄이야.

달콤한 냄새

곤충의 더듬이는 사람으로 치면 눈과 귀, 코, 입 같은 구실을 해. 코와 혀가 없는 대신 더듬이로 냄새도 맡고 맛도 보지. 호랑나비는 더듬이로 페로몬 냄새를 맡고, 사과곰보바구미는 더듬이로 맛을 보고, 바퀴벌레는 더듬이로 소리를 듣거나 진동을 느낀단다. 더듬이를 잘라 내면 곤충들은 눈이 먼 것처럼 방향을 잃고 헤매지.

 어때, 곤충들한테 더듬이가 없으면 큰일 나겠지?

그러네요. 저도 요즘 유행하는 더듬이 앞머리가 있어서 참 좋아요. 헤헤!

얘들아! 요즘 유행하는 더듬이야.

맛있다!

이건 무슨 소리지?

[곤충의 귀]

먹는 얘기만 들리는 귀

3월 24일 금요일 | 날씨 노란 산수유 꽃을 본 날

내가 생각해도 내 귀는 정말 특별하다. 수업 시간에 선생님 말씀은 귀에 하나도 안 들어오는데, 돌돌이가 몰래 사탕 까먹는 소리는 왜 그렇게 잘 들릴까? 엄마가 공부하라는 얘기는 한 귀로 듣고 한 귀로 잘도 흘리는데, 간식 먹자는 얘기는 왜 그렇게 귀에 쏙쏙 박힐까? 그나저나 윤석이가 한 말은 정말일까? 곤충은 정말로 귀가 없나?

알짜배기 과학 상식

귀가 배에 달린 곤충이 있다고?

곤충의 귀는 대부분 퇴화돼서 없어. 귀가 없는데도 곤충들은 적이 나타나면 쏜살같이 잘도 도망을 치지. 그 이유는 몸 전체에 나 있는 털 안에 소리를 알아차리는 감각 기관이 있기 때문이야. 감각 기관으로 공기의 진동을 잡아내서 누군가 다가오면 얼른 도망가는 거지. 파리나 모기가 도망을 잘 치는 이유가 바로 그 감각 기관 때문이지. 밤에 활동하는 나방은 천적인 박쥐의 초음파도 감지해서 멀리 달아난단다.

어머! 곤충은 모두 귀가 없어요?

 모두 없는 건 아니야. 몇몇 곤충은 귀가 있어. 그런데 사람처럼 생긴 귀는 아니야. 귀가 머리에 달려 있지도 않고.

 귀가 머리에 달려 있지 않다고요?

 배에 달려 있다면 믿겠니?

 헉! 소리를 배로 들어요?

 그래. 풀무치는 귀가 옆배에 있고, 메뚜기는 아랫배에 귀가 있어.

　매미는 배의 경계가 되는 곳에 초승달 모양의 우묵한 귀가 있어. 그뿐만 아니라, 귀가 다리에 달린 곤충도 있다는 사실! 귀뚜라미는 앞다리 종아리 마디에 있고, 여치는 앞다리 관절 부분에 귀가 있어. 물론 사람처럼 생긴 귀는 아니야. 소리를 들을 수 있는 고막이 배나 다리에 달려 있는 거지.

[곤충의 다리]

물 위를 걷는 비밀

| 4월 4일 화요일 | 날씨 바람이 많이 분 날 |

성훈이가 곤충 사전을 들고 찾아왔다. 소금쟁이는 몸이 가볍고 발끝에 잔털이 많이 나 있는데, 그 잔털에 기름이 묻어 있어서 물 위를 걸을 수 있는 거라고. 몸이 배배 꼬이는데 파리가 눈에 띄었다.

"파리는 왜 저렇게 손을 싹싹 비는 걸까?"라고 했더니, 성훈이는 그게 또 궁금하다며 곤충 사전을 뒤적였다. 성훈이 앞에서는 아무것도 궁금해하지 않기로 결심했다.

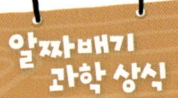

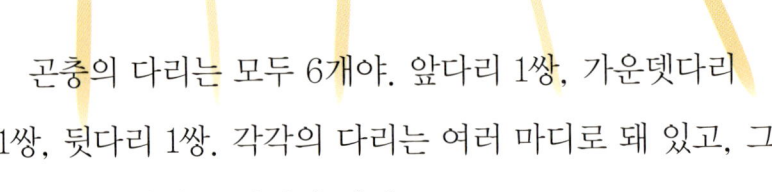

파리는 왜 그렇게 손을 싹싹 비는 걸까?

곤충의 다리는 모두 6개야. 앞다리 1쌍, 가운뎃다리 1쌍, 뒷다리 1쌍. 각각의 다리는 여러 마디로 돼 있고, 그 마디들은 관절로 연결돼 있어.

곤충들은 자신의 생활에 맞게 다리를 이용해. 벼룩처럼 위로 솟구쳐 오를 때나 물방개처럼 물속을 헤엄칠 때, 땅강아지처럼 땅을 팔 때, 사마귀처럼 먹이를 잡을 때 모두 다리를 이용하지.

다른 곤충들 말고, 파리가 왜 손을 싹싹 비는지 궁금하다니까요.

사실 파리는 손을 싹싹 비는 게 아니라, 발을 비비는 거야. 먼지를 털어 내려고.

[곤충의 숨 쉬기]

코를 찾아라!

4월 5일 수요일 | 날씨 봄비가 촉촉이 내린 날

곤충 박물관으로 체험 활동을 갔다. 선생님이 각자 한 가지씩 자세히 관찰해서 기록장에 쓰라고 하셨다. 은희는 곤충의 날개를 관찰했고, 돌돌이는 곤충의 눈을 관찰했다. 나는 곤충의 코를 관찰해 보기로 했다. 그런데 아무리 봐도 곤충의 코는 찾을 수가 없었다. 물속에 사는 곤충들도 살펴보았지만 코는 보이지 않았다. 도대체 곤충은 코도 없는데 어디로 숨을 쉬는 거지?

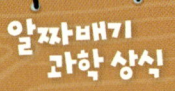

곤충은 어디로 숨을 쉴까?

 우리가 숨을 쉬듯이 곤충들도 숨을 쉰단다.

 아무리 봐도 곤충한테는 코가 없는걸요.

곤충은 사람처럼 코는 없지만 '기문'이라는 것과 '기관'이라는 것이 있어. 기문은 곤충의 몸 옆에 있는데, 이게 열리고 닫히면서 산소를 받아들이지. 기문이 사람의 콧구멍 역할을 하는 거야. 기문을 통해 들어온 산소는 기관을 통해 몸의 여러 조직에 전달 돼. 기관의 벽은 탄력 있는 나선형의 섬유로 돼 있어서 눌려도 막히지 않는단다.

니들은 어떻게 숨을 쉬니?

난 물자라야. 날개와 배 사이에 공기를 저장해 숨을 쉬지.

난 메뚜기! 기문으로 숨을 쉬어.

그렇다면 물속에 사는 곤충들도 기문으로 숨을 쉬는 건가요?

아니, 물속 곤충들은 종류마다 숨 쉬는 방법이 좀 달라.

물자라는 날개와 배 사이에 공기를 저장해서 숨을 쉬지. 물방개는 기관으로 숨을 쉬지만 부족하면 딱지날개와 등판 사이에 저장한 공기로 숨을 쉬기도 해. 장구애비는 꽁무니에 대롱처럼 달린 숨관을 물 밖으로 내밀고 숨을 쉬고, 잠자리 애벌레는 아가미로 숨을 쉬지.

코는 없지만 갖가지 방법으로 숨을 쉬는 거네요.

난 장구애비! 꽁무니가 물밖에서 숨을 쉬어.

맞아. 살아있는 생명체는 모두 호흡을 한다고 보면 돼.

나는 물방개! 기관으로 숨을 쉬지만 딱지날개와 등판 사이에 저장한 공기로 숨을 쉬기도 해.

난 잠자리 애벌레! 아가미로 숨을 쉬지.

【 곤충인 듯 곤충 아닌 것들 】

거미의 곤충 탈퇴

| 4월 13일 목요일 | 날씨 벚꽃이 팝콘처럼 핀 날 |

얄미운 은희 때문에 망신을 톡톡히 당했다. 《샬롯의 거미줄》인지 먼지 그 얘기만 안 했어도……. 얄밉기로 치면 윤석이도 똑같다. 조용히 알려 주면 될 것을 <거미 도감>을 들이밀면서 창피까지 주고! 은희랑 윤석이는 곤충이 아닌데 곤충처럼 보이는 것들이 꽤 있다며, 주거니 받거니 잘난 척을 멈추지 않았다. 곤충처럼 보이는 그것들은 도대체 누구야?

거미가 곤충이 아니라고?

거미는 곤충이 아니야. 생김새만 봐도 확 다르잖아. 곤충은 몸이 머리, 가슴, 배 세 부분으로 나뉘는데, 거미는 머리와 가슴이 붙어 있어서 머리와 가슴 그리고 배 두 부분으로 나뉘어. 다리도 곤충은 6개인데, 거미는 8개야. 곤충은 날개가 있는데, 거미는 날개가 없어. 눈도 곤충은 겹눈과 홑눈을 가지고 있는데, 거미는 홑눈뿐이야.

거미가 그렇게 곤충인 척하고 다닐 줄은 꿈에도 몰랐어요.

거미가 척한 게 아니라, 네가 모르면서 아는 척한 거 아니니?

아이 참, 선생님도. 그렇게 정곡을 콕 찌르면 제가 할 말이 없잖아요.

호호, 미안. 그럼 이제 거미 말고 곤충처럼 보이는 것들에 대해 알려 주마.

곤충이야? 아니야?

지네도 곤충이 아니야. 몸이 세 부분으로 나뉘지 않고, 여러 개의 마디로 길게 이어져 있어. 다리는 몸의 각 마디마다 1쌍씩 달려 있고. 종류마다 다리의 수가 다른데, 땅지네 중에는 177쌍까지 있는 것도 있어. 노래기도 곤충이 아니야. 몸이 원통형으로 길고 다리가 많아.

으으으, 난 다리 많은 곤충은 딱 질색이에요!

지네랑 노래기는 곤충이 아니라니까. 둘 다 절지동물에 속해.

아무튼 다리 많은 벌레 얘기는 이제 그만해 주세요.

알았어. 그럼 다리 없는 것들 얘기를 해 주마. 지렁이랑 달팽이도 종종 곤충으로 오해를 받는데 둘 다 곤충이 아니란다. 지렁이는 환형동물이고 달팽이는 연체동물이야.

2장
곤충이 나고 자라는 과정

01 자두의 몰래 짝꿍
곤충들도 사랑을 고백한다고?

02 슈퍼맨인가 변태인가
곤충이 변태라고?

03 나비와 편식대장 은희
거북의 눈물을 먹고 사는 나비가 있다고?

04 곤충 장례식
곤충은 어떻게 죽음을 맞을까?

05 나도 기네스에 도전할 테야!
50년을 넘게 사는 곤충이 있다고?

06 우리 아빠가 최고야!
곤충들의 자식 사랑이 눈물겹다고?

| 4월 21일 금요일 | 날씨 노랑나비들이 춤추며 날아다닌 날 |

지난 일주일 동안 내 사물함을 정리해 줬던 몰래 짝꿍이 돌돌이였다니! 돌돌이 녀석이 내 가방에 쪽지를 넣어 놓았다. 앞으로도 영원히 짝꿍이 돼 주겠다고. 게다가 덕규는 내일 은희한테 고백할 거라는 비밀까지 알려 줬다. 덕규와 함께 낮에 본 나비들이 멀리멀리 달아나는 느낌이었다. 그런데 곤충들도 서로 사랑을 고백할까?

알짜배기 과학 상식

곤충들도 사랑을 고백한다고?

곤충은 오로지 번식을 하기 위해서 사랑을 고백하고 짝짓기를 해. 고백하는 방법은 곤충마다 제각각 달라.

나비는 수컷이 암컷 앞을 날아다니다가 날개를 보여 주며 고백을 해. 파리매의 수컷은 암컷에게 맛있는 먹이를 주며 사랑을 고백하지. 암컷 파리매가 먹이를 먹고 있는 동안 수컷이 재빨리 짝짓기를 하는 거야.

사랑 고백은 꼭 남자가 먼저 해야 하나요?

그럴 리가 있니? 나방은 암컷이 먼저 페로몬을 풍겨서 수컷에게 사랑을 고백해. 여름밤에 이리저리 날아다니는 반딧불이 있지? 반딧불이는 암컷과 수컷이 모두 궁둥이에서 반짝반짝 빛을 내어 서로 사랑을 고백한단다.

내 사랑을 받아 줘!

반딧불이의 사랑은 낭만적인 것 같아요.

 낭만적인 걸로 치면 노래하는 매미를 빼놓을 수 없지. 매미의 수컷이 우렁차게 노래를 하면, 그 소리를 듣고 암컷이 찾아와서 짝짓기를 하거든.

　매미나 반딧불이처럼 낭만적인 짝짓기가 있는가 하면 무시무시한 짝짓기도 있단다.
　바로 사마귀의 목숨을 건 짝짓기! 사마귀는 서로 사랑하는 마음을 확인한 뒤 짝짓기를 하는데, 짝짓기가 끝나면 암컷이 수컷을 잡아먹어. 심지어 짝짓기를 하는 동안 잡아먹기도 해. 암컷이 수컷을 잡아먹는 데는 이유가 있어. 알에게 영양분을 충분히 공급해 주기 위해서야. 잔인해 보이지만 사마귀만의 특별한 사랑 방식인 거지.

사랑해!
나두
내 사랑을 받아 줘!

[곤충의 탈바꿈]

슈퍼맨인가 변태인가

| 4월 25일 화요일 | 날씨 여기도 꽃 저기도 꽃 |

잘난 척 대장 은희의 코가 아주 납작해졌다. 책벌레 성훈이가 "곤충은 변태라니까." 하면서 곤충 사전을 펼친 것이다. 거기에 '곤충의 탈바꿈 과정'이라는 내용이 있었다. 은희는 "너 지금 나 놀리는 거니? 곤충이 변태라는 말은 없잖아!" 하고 따졌다. "탈바꿈을 한자말로 변태라고 하는 거야."라는 성훈이의 말에 은희는 꿀 먹은 벙어리가 됐다. 그런데 탈바꿈은 또 뭐지?

알짜배기 과학 상식

곤충이 변태라고?

곤충은 자라는 단계마다 모습이 달라져. 이걸 변태 또는 탈바꿈이라고 해. 탈바꿈에는 완전 탈바꿈, 불완전 탈바꿈, 무 탈바꿈이 있어. 완전 탈바꿈은 알→애벌레→번데기→어른벌레의 과정을 거치는 거야. 불완전 탈바꿈은 번데기 과정 없이 알→애벌레→어른벌레가 되는 과정이고. 무 탈바꿈은 알에서 깨어난 애벌레가 그 모습 그대로 몸집만 커져서 어른벌레가 되는 것을 말해. 곤충의 일생은 다른 동물들에 비해 짧지만, 사는 동안의 변화는 아주 다양하지.

> 곤충은 저처럼 멋진 변신쟁이 같아요! 저는 깜찍이도 됐다가 귀염이도 됐다가 예쁜이도 됐다가, 상황에 맞게 변신을 아주 잘하잖아요.

> 그, 그렇다고 치고, 곤충의 탈바꿈에 대해 좀 더 이야기하자꾸나.

알 → 애벌레 → 번데기

어른이 되었다!

완전 탈바꿈을 하는 곤충에는 나비, 벌, 파리, 모기, 장수풍뎅이 따위가 있어. 불완전 탈바꿈을 하는 곤충에는 잠자리, 사마귀, 메뚜기, 하루살이, 매미, 노린재 따위가 있고. 무 탈바꿈을 하는 곤충에는 좀, 톡토기 따위가 있어. 이처럼 곤충은 허물을 벗어야 클 수 있단다. 뼈가 몸 바깥을 덮고 있는 외골격이기 때문이야. 몸을 감싸고 있는 외골격은 그대로인데, 안쪽의 몸이 커지니까 겉껍질을 벗어야만 클 수 있는 거지.

[곤충의 먹이]

나비와 편식대장 은희

| 5월 1일 월요일 | 날씨 미세먼지가 심해서 뛰어놀지 못한 날 |

어제는 진흙물을 먹는 나비를 보았는데, 오늘은 개똥에 앉아 있는 나비를 보았다. 나비들이 편식을 안 하는 건 좋지만 개똥까지 먹을 줄은 몰랐다. 집에 와서 미미랑 애기한테 나비 이야기를 해 줬더니 둘 다 토하는 시늉을 했다. 그때 아빠가 "어떤 나비는 거북의 눈물을 먹고 산다던데."라고 하시지 뭔가. 정말로 그런 나비가 있나?

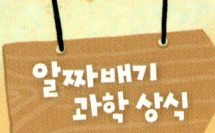 알짜배기 과학 상식

거북의 눈물을 먹고 사는 나비가 있다고?

나비는 꽃의 꿀이나 과즙 같은 단물을 먹고 살지? 그런데 꿀이나 과즙에서 번식에 사용할 영양소를 완전히 채울 수는 없어. 그래서 꿀이 다닌 다른 것을 먹기도 해.

진흙물, 개똥 이런 거요?

맞아. 그뿐만 아니라 피, 땀, 오줌, 죽은 동물의 시체 같은 것도 빨아 먹어.

우웩!! 왜 하필 그런 걸 먹나요?

곤충들에게 꼭 필요한 영양분이 들어 있거든. 꿀이나 과즙에는 염분이나 단백질 같은 게 없잖니.

그럼, 거북의 눈물을 먹고 산다는 나비도 영양분을 얻기 위해서 그런 건가요?

어머나! 거북의 눈물을 먹고 사는 나비도 알고, 제법인걸. 그럼, 거북의 눈물을 먹는 나비가 어디에 사는지도 아니?

아마존 서부의 열대 우림에 가면 거북의 눈물을 먹기 위해 떼 지어 날아다니는 나비들을 볼 수 있어. 아마존 서부는 바다에서 멀리 떨어져 있기 때문에 나비들이 염분을 얻기가 힘들어. 그래서 거북의 눈물을 먹는 거야. 거북만이 아니라 악어의 눈물도 먹는단다. 마다가스카르 섬에 사는 나방은 밤에 자고 있는 새의 눈물을 훔쳐 먹기도 한단다.

[곤충의 한살이]

곤충 장례식

5월 7일 일요일 | 날씨 하늘에 구름 한 점 없던 날

약수터에 가다가 길앞잡이 시체를 보았다. 너무 불쌍해서 미미와 애기랑 파묻어 줬다. 그런데 등산로를 걷다 보니 죽은 곤충들이 정말 많았다. 납작이가 된 곤충, 말라비틀어진 곤충, 속을 다 파 먹히고 껍질만 남은 곤충 등등. 눈에 띄는 것은 모두 무덤을 만들어 줬다. 미미와 애기는 집에 와서도 곤충들이 불쌍하다며 울었다. 어쩌다 곤충들은 그렇게 죽게 된 걸까?

알짜배기 과학 상식

곤충은 어떻게 죽음을 맞을까?

곤충은 알로 태어나. 알 속에서 애벌레의 모양을 갖출 때까지 지내다가 세상으로 나오지. 껍질을 깨고 나온 애벌레는 오직 먹기만 한단다.

 부지런히 먹고 난 애벌레는 번데기가 되기 위해 안전한 곳을 찾아가. 번데기 시기에는 먹지도 않고 움직이지도 않고 변신할 준비를 하지. 지난번에 번데기는 완전 탈바꿈을 하는 곤충에서만 볼 수 있다고 말했지?

아, 변태요!

완전 탈바꿈은 번데기에서 날개가 돋아나는 거야. 날개돋이는 더 이상 허물을 벗을 필요가 없는 성장의 마지막 단계지. 불완전 탈바꿈을 하는 곤충들은 계속 허물을 벗으면서 몸집과 날개가 자라. 그렇게 어른벌레가 되면 곧바로 짝짓기를 해. 알을 낳기 위해서.

곤충의 일생은 아주 짧아. 일반적으로 수컷은 짝짓기를 마친 뒤에 곧바로 죽고, 암컷은 알을 낳고 죽어. 그런데 어떤 곤충은 사고로 죽기도 하고, 적에게 잡아먹혀 죽기도 해.

앞으로는 곤충들을 함부로 잡지 않을 거예요.

그러렴. 세상의 모든 생명은 귀한 거니까.

어머나! 어른이 되어 날아간다.

[곤충 기네스]

나도 기네스에 도전할 테야!

5월 16일 화요일 | 날씨 햇살이 따스했던 날

엄마는 10분 동안 책을 읽으면 짜장면을 사 주겠다고 하셨다. 나는 책상에 앉아 <특종! 곤충 기네스>라는 책을 펼쳤다. 세상에서 가장 긴 곤충, 세상에서 가장 빠른 곤충 등등. 그런데 엄마의 호통에 눈을 떠 보니 책이 온통 침에 젖어 있었다. 짜장면 10그릇은커녕 한 그릇 먹기도 실패했다. 그나저나 꿈에서 가장 오래 산 곤충을 만났는데, 그게 누구였더라?

알짜배기 과학 상식

50년을 넘게 사는 곤충이 있다고?

가장 오래 산 곤충 기네스는 비단벌레가 갖고 있어. 1893년 영국 에섹스 주 프리틀웰에 있는 어떤 집에서 발견된 뒤 애벌레 상태로 51년을 살았다고 해. 흰 여왕개미도 50년을 넘게 사는 걸로 알려져 있어.

흰 여왕개미는 50년을 넘게 사는 동안 하루에 3만 개의 알을 낳는대. 일생 동안 약 5억 개의 알을 낳는 셈이야.

으헛, 저는 곤충은 1년도 못 살고 다 죽는 줄 알았어요.

어디에나 예외는 있지. 지금부터 본격적으로 곤충 기네스 기록을 알아볼까?

고마워.

50살 생일을 축하해요

세상에서 가장 긴 곤충은 대벌레야. 1995년 말레이시아에서 채집했는데, 다리 길이를 포함해 55.5센티미터나 된다는구나. 가장 작은 곤충은 알벌인데, 몸길이가 0.21밀리미터밖에 안 돼.

와우! 알벌은 우리 애기만큼이나 뽀뽀해 주고 싶을 것 같아요.

뽀뽀해 줘도 괜찮단다. 알벌은 사람을 쏘지 않거든.

날아다니는 곤충 중에서 가장 큰 것은 뉴기니의 알렉산드라비단제비나비야. 날개 길이가 28센티미터나 돼. 가장 무거운 곤충은 중앙아프리카의 골리앗꽃무지야. 몸무게가 100그램이나 나가지.

헉! 곤충 몸 무게가 100그램이나 나간다고요?

그렇다니까. 이름이 괜히 골리앗꽃무지겠니?

[곤충의 자식 사랑]

우리 아빠가 최고야!

5월 28일 일요일 | 날씨 햇빛 쨍쨍한 날

오늘은 세상에서 가장 달콤한 밤을 맛본 날이다. 우리가 밤 껍질을 제대로 까지 못해 알맹이를 다 흘리니까 아빠가 밤에 구멍을 뚫어 벌레가 먹은 것처럼 하고 다 까 주셨다. 엄마 아빠는 우리가 먹는 것만 봐도 배가 부르다며 안 드셨다. 엄마 아빠가 되면 자식이 먹는 것만 봐도 배가 부른가 보다. 그런데 곤충도 자식을 사랑할까?

곤충들의 자식 사랑이 눈물겹다고?

부모는 자식을 위해서라면 못할 게 없단다. 곤충들도 마찬가지야. 수컷 물자라는 아빠 사랑을 대표하는 곤충으로 유명해. 알을 어찌나 아끼는지 밤이고 낮이고 등에 업고 다닌단다.

어? 알을 수컷이 돌봐요?

응. 짝짓기를 끝낸 암컷 물자라는 수컷 등에 알을 낳고 떠나. 30개에서 많게는 100개까지 낳지. 그때부터 수컷은 새끼가 태어날 때까지 목숨을 걸고 알을 지켜. 물새나 물방개에게 잡아먹힐 각오를 하고 자주 물 밖을 드나들기도 해. 알들에게 햇볕이랑 공기를 쪼여 주려고.

와! 물자라도 우리 아빠처럼 자식 사랑이 끝내주네요.

건강하게 자라렴.

아이들을 위해 힘을 냅시다!

끝내주는 아빠 사랑으로 치면 사마귀도 빠질 수 없지.

아하! 저번에 말씀해 주신 거요? 태어날 새끼들의 영양 보충을 위해 짝짓기 때 잡아먹히는 수컷 사마귀요.

우리 자두, 기억력이 제법인걸!

쌍살벌도 자식 사랑이 아주 지극해. 애벌레가 썩지 않도록 이슬이나 비가 내리면 집에 스민 습기를 모두 쪽쪽 빨아 밖으로 뱉어 내지. 여름에는 근처 개울에서 입으로 물을 길어와 애벌레에게 먹이거나 집에 물을 뿌려서 열기를 식혀. 쉬지 않고 날개로 부채질도 해 주고. 사람이나 곤충이나 부모는 자식을 위해서라면 못 할 것이 없다니까.

3장 곤충의 살아남기

01 속았지롱!
뱀으로 변신하는 애벌레가 있다고?

02 못 찾겠다, 꾀꼬리!
곤충들이 몸 빛깔을 마음대로 바꿀 수 있다고?

03 이에는 이, 함정에는 함정
개미귀신의 정체는 뭘까?

04 애기의 핫도그
공생은 뭐고 기생은 뭘까?

05 결투
장수풍뎅이와 사슴벌레가 싸우면 누가 이길까?

06 돌돌이가 많이 먹는 이유
꽁꽁 언 겨울에도 곤충이 산다고?

[곤충의 흉내 내기]

속았지롱!

| 6월 13일 화요일 | 날씨 맑은 하늘에 새털구름이 떠 있던 날 |

오늘은 학교에서 숲 체험을 다녀왔다. 민지가 나 때문에 놀라 기절한 것 빼고는 정말 신나는 날이었다. 나는 자벌레를 채집해서 집으로 돌아왔다. 미미와 애기는 나뭇가지인 척하는 자벌레에게 온통 관심을 쏟았다. 자벌레 덕분에 나 혼자 실컷 떡볶이를 먹을 수 있었다. 아 참. 성훈이가 그러는데 뱀인 척하는 벌레도 있다던데, 그게 정말일까?

알짜배기 과학 상식

뱀으로 변신하는 애벌레가 있다고?

뱀으로 변신하는 애벌레는 스핑크스나방 애벌레야. 남미의 코스타리카에 사는데, 언뜻 보면 뱀처럼 아주 무서워 보여. 평상시에는 애벌레 모습을 하고 있다가 천적이 다가오면 얼른 뱀 같은 얼굴로 변신을 하지. 게다가 뱀이 사냥하는 듯한 행동까지 흉내를 내서 천적들이 놀라 줄행랑을 칠 때가 많단다.

자벌레나 스핑크스나방 애벌레처럼 다른 것으로 보이도록 흉내 내서 변신하는 걸 어려운 말로 '의태'라고 해. 자기 몸을 보호하기 위해 생김새를 주변 환경과

곤충의 보호색과 경계색

못 찾겠다, 꾀꼬리!

6월 21일 수요일 | 날씨 먹구름이 흘러 다닌 날

엄마한테 한 달간 숨바꼭질 금지를 당했다. 몸에 초록색 페인트를 칠하고 꼭꼭 숨은 것까지는 좋았는데, 그게 하필 접착 페인트일 줄이야! 친구들이 도와줬지만 벽에서 몸이 떨어지지 않았다. 119 소방관 아저씨들이 아니었으면, 영영 사마귀 친구로 남을 뻔했다. 그런데 사마귀나 여치 같은 곤충은 시시때때로 몸 빛깔을 바꾼다는 게 사실일까?

알짜배기 과학 상식

곤충들이 몸 빛깔을 마음대로 바꿀 수 있다고?

곤충은 살아남기 위해 갖가지 위장술을 써. 가장 흔한 게 보호색 위장술이야. 천적들이 알아보지 못하게 몸 빛깔을 주변 환경과 똑같이 바꾸지. 풀숲에 사는 방아깨비나 여치, 베짱이, 메뚜기 따위는 풀과 똑같은 초록색 몸 빛깔을 하고 있어.

이상하네요. 제가 본 메뚜기는 얼룩덜룩 거무튀튀하던데.

그 메뚜기를 어디서 봤는데?

흙바닥에서요.

방아깨비, 여치 어디에 있니?

메뚜기 너는 어디에 있니?

나는 올빼미 나방

흙에서는 당연히 얼룩덜룩했겠지. 만약 흙에서 초록 빛깔이면 어떻게 되겠니? 천적한테 '날 잡아 잡수~' 하는 거잖아.

관심 받고 싶으면 흙에서 초록색을 띨 수도 있죠!

관심? 음… 경계색을 이용해서 관심을 끄는 곤충들이 있기는 해.

경계색은 자기를 눈에 잘 띄게 하는 위장술이야. 천적이 싫어하는 동물의 모습을 하고 눈에 확 띄는 거지. 올빼미나비는 날개에 커다란 눈알 무늬가 있어. 날개를 활짝 펴면 그 모양이 꼭 올빼미를 빼닮아서 적들이 놀라 달아나 버린단다.

포도유리나방은 말벌과 닮은 경계색을 띠었고, 꽃등에는 벌을 닮은 경계색을 띠었어. 천적들은 포도유리나방과 꽃등에한테 벌처럼 독침이 있는 줄 알고 근처에 얼씬도 안 해.

날 말벌인 줄 알겠지.

에휴~! 못 찾겠다.

[곤충의 사냥]

이에는 이, 함정에는 함정

6월 23일 금요일 | 날씨 햇볕이 따갑게 내리쬔 날

이제부터 은희를 뒤끝 은희로 불러야겠다. 어제 장난 좀 쳤다고 똑같이 복수를 하다니. 잘난 척 대장인 줄은 알았지만 뒤끝 대장인 줄은 몰랐다. 게다가 나한테 개미귀신이랑 똑같다며 놀렸다. 성훈이한테 물어보니 개미귀신은 아주 못생기고 괴팍한 녀석이라고 했다. 화가 콜라 거품처럼 끓어올랐다. 당장 개미귀신의 정체를 파헤쳐 볼 테다!

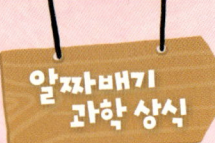

개미귀신의 정체는 뭘까?

개미귀신은 이름만큼이나 생김새와 성격도 무시무시해. 머리에 뿔 같은 턱이 달려 있고, 행동도 아주 거칠지. 게다가 살고 있는 집도 개미지옥이라고 불러.

좀 으스스하긴 하네요. 그래서요? 계속해 주세요.

개미귀신은 모래밭에 구멍을 파 집을 만들어. 거기에 개미나 작은 벌레를 끌어들여 잡아먹기 때문에 이름이 개미귀신이라고 붙은 거야.

개미귀신이 가장 좋아하는 먹잇감은 개미야. 개미의 천적이 바로 개미귀신인 셈이지. 개미귀신이 개미를 잡는 방법은 아주 독특해. 깔때기처럼 생긴 함정으로 개미를 끌어들이거든. 그 함정을 개미지옥이라고 부르는 거야. 개미지옥에 빠지면 헤어나기가 힘들어.

자두 너, 개미귀신의 실체를 알면 깜짝 놀랄걸!

이미 놀랐는데, 또 놀랄게 있다고요?

하늘하늘한 명주잠자리의 애벌레가 바로 개미귀신이라는 사실!

헉! 상상이 안돼요.

[곤충의 공생과 기생]

애기의 핫도그

6월 28일 일요일 | 날씨 비가 흩뿌린 날

엄마가 반상회에 가서서 애기랑 놀아 줘야 했다. 블록놀이도 해 주고, 말도 태워 줬다. 그 대가로 핫도그를 좀 얻어먹었을 뿐인데. 혼내는 엄마보다 미미가 더 얄미웠다. 옆에서 공생이 어쩌고 기생이 저쩌고! 진딧물은 자신을 지켜 준 개미한테 똥꼬에서 꿀물을 내준다던데, 우리 애기 똥꼬에서는 뿡뿡 방귀만 나오고. 도대체 공생은 뭐고 기생은 뭐지?

알짜배기 과학 상식

공생은 뭐고 기생은 뭘까?

공생은 서로 도우며 함께 사는 걸 말하고, 기생은 한쪽은 이익을 보고 한쪽은 손해를 보는 관계를 말해. 진딧물은 식물에 붙어서 양분과 수분을 빨아먹으며 기생을 해. 그런데 개미는 무당벌레와 싸워 가며 진딧물을 지켜 줘. 왜냐하면 개미가 좋아하는 꿀물이 진딧물 꽁무니에서 나오거든. 무당벌레를 쫓아 주고 진딧물에게 꿀물을 얻어먹지. 개미와 진딧물은 서로 돕는 공생 관계야.

특이한 기생 방법이요?

 응. 혹시 동충하초라고 들어 봤니?

 아니요, 처음 듣는데요.

 겨울엔 벌레이고 여름엔 버섯이라는 뜻의 동충하초는 곰팡이 균이 곤충의 몸에 기생해서 생겨난 거야.

곰팡이 균이 공기에 떠돌다가 개미, 매미, 풍뎅이, 노린재 따위의 곤충 몸속으로 파고들어가지. 곰팡이 균은 곤충의 몸을 양분 삼아 조금씩 곰팡이를 만들어. 곰팡이가 곤충 몸을 가득 채우면 결국 곤충은 죽어. 겉껍질은 곤충 모습 그대로이고. 균이 곤충의 몸에 기생해서 만들어진 동충하초는 사람들이 약으로 쓰기도 한단다.

[곤충의 힘겨루기]

결투

| 7월 1일 토요일 | 날씨 장대 같은 비가 주룩주룩 내린 날 |

미미와 나는 서로 자기 곤충이 세다고 우기다가 쌍코피까지 터졌다. 엄마 말대로 직접 겨뤄 보면 될 것을. 그런데 결투의 결과가 이상했다. 미미의 장수풍뎅이와 내 사슴벌레가 서로 싸우기는커녕 어찌나 다정하던지. 엄마는 곤충들이 미미와 나보다 낫다며 혀를 끌끌 찼다. 도대체 장수풍뎅이와 사슴벌레가 싸우면 누가 이기지?

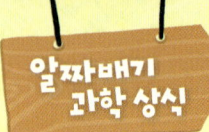

장수풍뎅이와 사슴벌레가 싸우면 누가 이길까?

곤충들은 짝짓기 상대나 먹잇감을 차지할 때 힘겨루기를 해. 특히 먹잇감 앞에서 인정사정없지. 장수풍뎅이, 사슴벌레, 하늘소, 장수말벌, 왕오색나비, 나방 등은 나뭇진을 먹고 살아. 나뭇진을 서로 많이 먹으려고 자주 힘겨루기를 해. 이긴 순서대로 나뭇진을 차지하는 거야.

그러니까 싸우면 사슴벌레가 이겨요, 장수풍뎅이가 이겨요?

힘겨루기에서 매번 이기는 건 장수풍뎅이야. 장수풍뎅이는 자기 몸 무게의 100배나 되는 무게를 끌기도 하거든. 사슴벌레를 번쩍 들어 내팽개칠 때가 많아.

이기는편 우리편!

곤충의 겨울나기

돌돌이가 많이 먹는 이유

7월 14일 금요일 | 날씨 가만히 있어도 땀이 줄줄 흐른 날

돌돌이 녀석, 먹는 데 이유 없는 날이 없다. 월요일은 공부하기 싫어서 먹고, 화요일은 짜증나서 먹고, 수요일은 더워서 먹고, 목요일은 기분이 좋아서 먹는다. 한 입만 달래도 절대로 안 준다. 오늘은 핑계가 없는지 곤충처럼 겨울나기를 위해 먹는다고 했다. 그런데 추운 겨울에 곤충이 살아 있나?

알짜배기 과학 상식

꽁꽁 언 겨울에도 곤충이 산다고?

곤충은 낮의 길이가 짧아지는 것으로 겨울이 다가오는 것을 알아. 온도에 따라 몸의 온도가 변하거든. 추위가 닥쳐오기 전에 제각각 겨울나기를 준비하지. 귀뚜라미, 메뚜기, 사마귀, 매미나방 같은 곤충들은 가을이 오면 알을 낳고 죽어. 그런데 알들이 추운 겨울을 잘 버틸 수 있도록 만반의 준비를 해 둔단다.

만반의 준비요? 혹시 돌돌이처럼 마구 먹이나요?

알이 뭘 먹겠니. 알에서 깨어났을 때 굶지 않도록 먹잇감이 되는 나뭇가지나 나뭇잎에 알을 낳아 놓는 거야. 적의 눈을 피해 땅속이나 돌 틈에 알을 낳기도 하고.

애벌레나 번데기로 겨울을 나는 곤충들도 있어. 사슴벌레, 장수풍뎅이, 차주머니나방, 노랑쐐기나방, 어리상수리혹벌, 참나무혹벌 등이야.

언제쯤 밖으로 나갈 수 있을까?

4장 곤충과 인간의 관계

01 수벌이 되고 싶은 아빠
곤충도 인간처럼 사회생활을 한다고?

02 벌레 먹은 사과와 미인
곤충이 우리의 미래 식량이라고?

03 성훈이의 애완곤충들
개미가 인간처럼 가축을 기른다고?

04 나도 아파트에 살고 싶어
집은 사람이 더 잘 지을까 곤충이 더 잘 지을까?

05 아빠가 좋아하는 신사임당
예로부터 문화 예술의 소재가 된 곤충이 많다고?

06 벼룩도 낯짝이 있다는데
곤충에 얽힌 속담을 알아볼까?

[곤충의 사회생활]

수벌이 되고 싶은 아빠

| 7월 16일 일요일 | 날씨 집안 공기가 땡볕만큼 뜨거워진 날 |

아빠가 꿈꾼 수벌의 삶은 잠깐 만에 끝이 났다. 문제는 그 불똥이 우리한테까지 튄 것이다. 엄마는 "곤충들도 공동생활에서 각자 맡은 일을 충실히 해내는데!"라며 호통을 치셨다. 밀린 일기를 쓰고, 어질러진 책상을 정리하고, 쓰레기통을 비웠다. 엄마의 감시를 피하는 게 쉽지 않았다. 그런데 곤충들은 정말로 알아서 공동생활을 잘 해 나갈까?

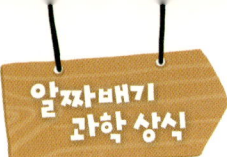

곤충도 인간처럼 사회생활을 한다고?

사회생활이란, 여럿이 모여 질서 있게 사는 공동생활을 말해. 너희가 집이나 학교에서 여럿이 어울려 지내는 것처럼 사회생활을 잘하는 곤충들이 있어. 바로 개미와 벌이야. 개미와 벌은 무리지어 살면서 각자 맡은 일을 성실히 하고, 서로 배려하는 모습이 사람 못지않아.

개미는 여왕개미, 수개미, 병정개미, 일개미로 나뉘어. 여왕개미는 몸집이 가장 크고, 무리를 이끌며, 알을 낳고 기르지. 수개미는 여왕개미와 결혼 비행을 한 뒤에 죽고. 병정개미는 다른 집단이나 적으로부터 집을 지켜.

특히 일개미는 하는 일이 많아. 알과 애벌레에 곰팡이가 생기지 않게 돌보고, 먹이를 구해 오고, 굴을 파서 방을 넓히거나 청소도 도맡아 하지.

맛있겠당!

[곤충의 이용]

벌레 먹은 사과와 미인

| 10월 24일 일요일 | 날씨 잠자리들이 높이높이 날아다닌 날 |

우리 가족은 사과 따기 체험장에 다녀왔다. 무농약 과수원이라더니, 사과 반 벌레 반이었다. 벌레 먹은 사과를 먹으면 미인이 된다고 해서 벌레만 찾아다녔다. 그걸 보고 아빠가 "자두랑 미미 때문에 인간의 미래 식량이 남아나질 않겠네."라고 하셨다. 지금 먹기도 바쁜데 미래까지 걱정하고 싶지 않았다. 그런데 어떻게 곤충이 우리의 미래 식량이라는 거지?

알짜배기 과학 상식

곤충이 우리의 미래 식량이라고?

2013년에 유엔식량농업기구(FAO)가 미래의 식량난 해결 방법으로 곤충을 꼽았어. 2050년이 되면 세계 인구는 현재의 70억 명을 넘어 90억 명이 될 것으로 예상하고 있어. 지금도 전체 인구의 6분의 1이 굶주리고 있는데, 20억 명이 늘어나면 굶는 사람이 더 많아지겠지? 이런 문제를 해결하기 위해 곤충을 길러 먹자고 제안한 거야.

소고기, 닭고기, 돼지고기 이런 고기도 많은데 왜 곤충을 먹어요?

동물을 기르려면 경작지를 넓혀야 하잖아. 인구는 늘어나는데 경작지는 한정돼 있고, 환경 문제도 점점 심각해지고 있어. 너, 소의 방귀와 트림이 온실가스의 주범인 거 알지?

성훈이의 애완곤충들

[곤충의 가축 기르기]

| 10월 25일 수요일 | 날씨 파란 하늘에 공룡구름 떠다닌 날 |

성훈이는 곤충 박사다. 곤충에 대해 모르는 것도 없고, 애완용으로 기르는 곤충도 많다. 오늘 학교에 가지고 온 것들을 보면 집게벌레, 거미, 장수풍뎅이, 굼벵이 등등. 그런데 보다보다 진딧물을 기르는 개미는 처음 봤다. 성훈이가 그러는데 개미는 진딧물 말고 다른 것도 기른다는데, 그게 정말일까?

알짜배기 과학 상식

개미가 인간처럼 가축을 기른다고?

개미가 진딧물과 공생한다고 얘기했던 것 기억나지? 진딧물에게 맛있는 단물을 얻기 위해서. 그런데 개미는 인간이 가축을 기르는 것처럼 우리를 만들어 놓고 진딧물을 떼로 기르기도 해. 그러면 힘들이지 않고 단물을 훨씬 많이 얻을 수 있지.

개미가 진딧물을 기를 줄은 꿈에도 몰랐어요.

진딧물만이 아니야. 뿔매미, 매미충, 깍지벌레 같은 매미목 애벌레랑 부전나비과에 속하는 애벌레도 기른단다.

잘 자라고 있네.

맛있당!

애벌레들을 왜 길러요? 혹시 사람이 가축을 길러서 고기로 먹는 것처럼, 개미도 애벌레를 길러서 고기로 구워 먹나요?

아니, 애벌레들도 개미의 먹이가 되는 단물을 내놓거든. 그런데 진딧물이나 애벌레 말고 다른 걸 기르는 개미도 있어.

다른 거요? 그게 뭔데요?

중남미의 열대림에 사는 잎꾼개미는 버섯을 길러. 버섯에서 나오는 당분을 먹으려고.

헉! 개미는 도대체 못하는 게 뭐죠?

그러게. 개미는 알면 알수록 신기하고 놀라운 곤충이야!

[곤충의 집]

나도 아파트에 살고 싶어!

| 11월 1일 일요일 | 날씨 쌀쌀한 바람이 불어온 날 |

윤석이가 그러는데 벌은 육각형 아파트, 흙집, 땅속 집 같은 집짓기 선수라고 했다. 나는 엄마 아빠한테 벌들처럼 아파트에 살아 보는 게 소원이라고 말했다. 부모님은 내 소원을 들어줄 수 없다고 딱 잘라 버렸다. 우리 집은 엄마 아빠가 고생고생해서 지은 역사 깊은 집이라며, 세상에 이렇게 잘 지은 집 있으면 나와 보라고 했다. 집은 사람이 더 잘 지을까, 곤충이 더 잘 지을까?

알짜배기 과학 상식

집은 사람이 더 잘 지을까 곤충이 더 잘 지을까?

곤충은 몸집이 작아 적에게 잡아먹히기 쉬워. 그러다 보니 어떻게든 살아남기 위해 제각각 독특한 집짓기 기술을 가지고 있지. 호리병벌은 진흙을 이겨 호리병 모양의 집을 빚는 훌륭한 도예가야. 호리병벌의 집을 보고 인디언들이 도자기 만드는 법을 배웠다고 해.

 그럼, 곤충이 사람보다 집을 더 잘 짓는 건가요?

 그렇게 비교할 수는 없어. 곤충이나 사람이나 각자에게 맞는 편리한 집을 지어 사는 거니까. 사람은 똥으로 지은 집에서 살 수 없지만, 어떤 곤충은 똥으로 지은 집에서만 살지.

똥으로 지은 집이요?

우리 집이 제일 멋있어.

> 우리 집을 왜 염탐하고 있지?

소똥구리 말이야. 소가 싸 놓은 똥으로 자신만의 궁전을 만들어 살잖아. 공처럼 만든 똥을 땅속에 묻고, 그 안에 알을 낳지. 알에서 깨어난 애벌레는 똥을 먹으며 자라. 소똥이 소똥구리의 집도 되고 밥도 되는 거야.

거위벌레는 나뭇잎으로 집을 지어. 잎을 돌돌 말아 그 속에 알을 낳지. 알에서 깨어난 애벌레는 안전하게 잎의 보호를 받으며 자라. 주머니나방은 도롱이집을 짓고 살아. 나무껍질이나 나뭇잎을 모아 입에서 토해 낸 실로 질긴 도롱이를 엮는 거야. 그 안에 살면서 잎이나 이끼 같은 먹이를 먹을 때만 머리와 가슴을 밖으로 내밀어. 뿔가위벌은 빈 달팽이집으로 집을 짓고, 뾰족벌붙이는 솜털로 집을 짓고 산단다.

> 여긴 누구집일까?

> 영차 영차 영차 튼튼한 쇠똥 무얼로

[곤충과 문화 예술]

아빠가 좋아하는 신사임당

| 11월 5일 일요일 | 날씨 햇빛에 노란 은행잎이 반짝인 날 |

엄마의 신사임당 따라잡기는 치킨으로 마무리됐다. 나도 아빠처럼 엄마의 작품보다 신사임당이 그려진 5만 원이 더 좋다. 미미는 벌레 그림은 딱 질색이라며 몸을 부르르 떨었다. 엄마는 우리가 예술을 너무 모른다고 한탄했다. 그러면서 곤충이 등장하는 우리나라 예술 작품을 찾아보라고 숙제를 내주셨다. 도대체 어떤 작품들에 곤충이 등장하는 거지?

알짜배기 과학 상식

예부터 우리 문화 예술의 소재가 된 곤충이 많다고?

곤충의 독특한 생김새와 색은 오래전부터 예술가들에게 흥미로운 소재였어. 우리 조상들도 예술품에 곤충을 자주 등장시켰지. 특히 신사임당의 그림 〈초충도〉는 벌레를 소재로 한 작품에서 빼놓을 수 없어. 잠자리, 벌, 나비, 메뚜기, 쇠똥구리, 여치, 파리, 매미, 사마귀, 개미, 하늘소, 귀뚜라미 등이 꽃이나 풀과 어우러져 매우 아름답거든.

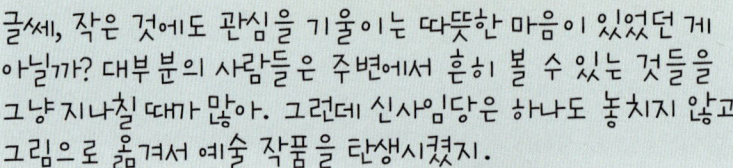
신사임당은 곤충을 엄청 좋아했나 봐요?

글쎄, 작은 것에도 관심을 기울이는 따뜻한 마음이 있었던 게 아닐까? 대부분의 사람들은 주변에서 흔히 볼 수 있는 것들을 그냥 지나칠 때가 많아. 그런데 신사임당은 하나도 놓치지 않고 그림으로 옮겨서 예술 작품을 탄생시켰지.

그림뿐만 아니라 공예품에도 곤충은 자주 등장해. 경주의 천마총에서는 나비 모양의 금관 장식이 발견됐고, 고려 시대의 거울에는 나비와 잠자리, 벌 같은 모양이 멋지게 조각돼 있어. 조선 시대에는 여성의 노리개에 나비와 매미 장식이 자주 활용됐지. 머리에 장식하는 떨잠에는 나비 모양의 장식을 달아 움직일 때마다 떨리도록 했어.

[곤충과 속담]

벼룩도 낯짝이 있다는데

11월 25일 토요일 | 날씨 비가 내려 더 추운 날

감자칩은 한 개도 못 먹었는데 꿀밤은 여러 대 먹었다. 게다가 벼룩이라는 말까지 들었다. 아빠한테 물어보니 내가 들은 벼룩 속담은 아주 기분 나쁜 뜻이었다. 많이 가진 사람이 몇 개 안 가진 사람 것을 욕심낼 때 '벼룩의 간을 빼먹어라' 하는 거고, 염치없는 사람한테는 '벼룩도 낯짝이 있다'는 속담을 쓴다고 했다. 이렇게 억울할 땐 어떤 속담을 쓰면 좋을까?

알짜배기 과학 상식

곤충에 얽힌 속담을 알아볼까?

꽃이 고와야 나비가 모인다.

윗물이 맑아야 아랫물도 맑은 것처럼, 자기가 먼저 좋은 사람이 돼야 주변에 좋은 사람이 모인다는 뜻이야.

알기는 칠월 귀뚜라미

누가 가르쳐 주지 않아도 음력 칠월이 되면 울기 시작하는 귀뚜라미처럼 영리하고 민첩한 사람을 뜻하는 말이야. 반대로 잘난 척 잘하는 사람을 놀릴 때 쓰기도 해.

모기도 모이면 천둥소리 난다.

모기처럼 힘없고 보잘것없어 보이는 사람들도 함께 모이면 큰일을 해낼 수 있다는 뜻이야.

송충이는 솔잎을 먹어야 산다.

분수에 맞게 살아야지 분수에 넘치게 바라거나 행동하면 낭패를 본다는 뜻이야.

개미가 절구통 물고 나간다.

개미는 비록 작고 힘이 없지만 여럿이 힘을 합치면 절구통 같이 큰 물건도 끌고 갈 수 있어. 이처럼 설마하고 생각했던 일이 정말로 벌어질 수 있으니 대비하라는 뜻이야. 약하고 작은 사람이 힘에 겨운 큰일을 맡아 하는 것을 빗댄 말이기도 해.

메뚜기도 한철이다.

유월이면 메뚜기 떼가 들판을 뒤덮다가도 날씨가 추워지면 사라지는 것처럼, 모든 것에는 끝이 있으니 미리 대비하거나 겸손하라는 뜻이야.

둘러대기는 나방이 똥구멍이다.

나방이 알을 깔 때 똥구멍을 잘 둘러대는 것처럼, 잘못을 해놓고 이래저래 잘 둘러대는 사람을 비꼬아 이르는 말이야.

경제를 놀이처럼 쉽고 재미있게!
스마트한 세 살 경제 습관이 여든 간다!
아빠가 알려 주는 경제 이야기

부자가 되고 싶다고요?
자유롭게 돈을 쓰면서 살고 싶다고요?
《태토의 부자 되는 시간》에는
부자가 되는 비밀이 들어 있어요!
똑똑한 경제 동화가 미래의 나를
부자로 만들어 줄 거예요!

경제동화 1 《태토의 부자 되는 시간》

돈으로 돈을 번다고요?
세계 최고의 투자자들이 말한 '자는 동안에도
돈을 버는 방법'은 무엇일까요?
본격적으로 부자가 되는 방법을 배우기 위해
태토가 세계 최고의 투자자들을 만났습니다.
태토는 그들에게서 무엇을 배웠을까요?

경제동화 2 《태토가 만난 주식 부자들》

어른도 아이도 재미있는 경제보드게임
미래의 부자를 꿈꾸며 재미있는 게임 한 판!

www.haksanpub.co.kr (주)학산문화사 문의 02-828-8962